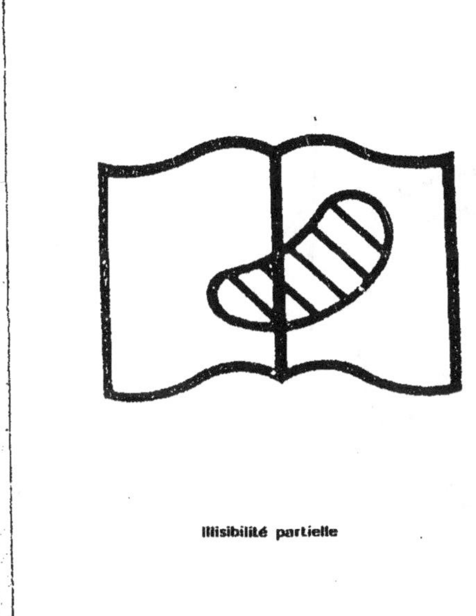

Illisibilité partielle

Contraste insuffisant
NF Z 43-120-14

Valable pour tout ou partie
du document reproduit

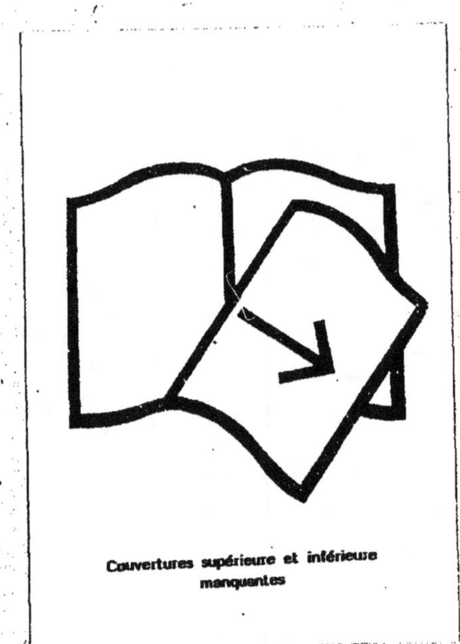

Couvertures supérieure et inférieure
manquentes

PETIT INVENTAIRE

DES

ARCHIVES DÉPARTEMENTALES

ANTÉRIEURES A 1790.

Les archives ne sont plus de ces trésors secrets dont on défende les approches au vulgaire. La loi, déjà bien vieille, qui a organisé cette institution nouvelle, a donné libre accès à tous les droits dans ces dépôts désormais publics et par suite créé, comme de devoir strict, l'obligation de mettre en lumière les renseignements qui éclairent les intérêts et invitent les travailleurs. Il n'y a pourtant pas si longtemps qu'on a pu songer sérieusement à acquitter cette dette hautement reconnue. Pour ne parler que des archives anciennes, l'indifférence des premières années, les bouleversements multiples et hâtifs des dépôts, l'insuffisance des locaux improvisés et peu à peu, à mesure même que le goût du jour et les préoccupations de l'administration se dirigeaient de ce côté, l'accroissement rapide et inespéré des collections, expliquent assez ces retards, faciles à justifier.

La circulaire du 24 avril 1841, signée par le ministre Duchatel, constitua définitivement le service et devint la charte fondamentale qui, en proclamant des principes pratiques à la fois et scientifiques, inaugura la mise en œuvre active et constante des améliorations, réclamées par tant de besoins. Un premier travail, publié en 1848 par l'im-

primerie Nationale, put constater dans un *Tableau général*
l'ensemble et la distribution par fonds des archives départementales ; mais bientôt la création d'un bureau spécial
au Ministère de l'Intérieur et de quatre inspecteurs généraux allait donner une bien autre impulsion aux travaux
silencieux qui se poursuivaient depuis vingt ans, et M. de
Persigny, qui avait eu la pensée et le zèle de cette réorga-
nisation, eut le bonheur aussi à sa rentrée aux affaires
d'en pouvoir affirmer et manifester les résultats. Par une
circulaire en date du 12 avril 1861, les Conseils généraux
furent conviés à s'associer à son œuvre ; et le vote de crédits
réguliers, en livrant à l'impression les inventaires déjà
prêts et accumulés des documents conservés dans les
archives départementales, a assuré l'achèvement d'un mo-
nument véritablement unique, dont les imperfections ne
doivent pas faire oublier la grandeur. La publication, ac-
cueillie partout avec faveur, était dès l'année suivante en
pleine exécution et, on peut le dire, ne risque plus d'être
interrompue.

Je puis rappeler avec quelque bonheur, qu'en Maine-et-
Loire, les instructions même du ministre avaient été
devancées et l'*Inventaire des Archives anciennes de la mairie
d'Angers*, rédigé de 1857 à 1860, était publié dès 1861 et
obtenait la même année, presque au même temps où par-
raissait la circulaire, un rappel de médaille d'or à l'Académie des inscriptions et belles-lettres. Dès 1863 aussi,
l'Inventaire des Archives départementales a pris place parmi
les six premiers volumes assez avancés pour être mis en
vente, et par une mesure encore unique et trop ignorée,
quoique l'expérience, comme la raison, l'ait démontrée
bonne, chaque livraison imprimée dans l'année est adres-
sée, par la libéralité du Conseil général, à toutes les com-

munes de Maine-et-Loire et dans chaque mairie mise sur place à la disposition de qui l'y vient consulter. N'est-ce pas le but et la récompense à atteindre, que de répandre et de mettre à portée de tous cet instrument de travail ou d'instruction et de tenter, de solliciter, s'il le faut, par des avances publiques les insoucieux? Qui pourrait dire, dans ce grand mouvement qui s'agite partout vers la science, s'il n'est pas plus facile de trouver en Danemarck, à Berlin, à Oxford, des docteurs qui prennent goût aux publications françaises, qu'en Anjou ou en Périgord trois ou quatre compatriotes curieux des travaux nouveaux sur le Périgord et sur l'Anjou? — Mais qui pourrait dire aussi combien, dans nos campagnes, de bonnes volontés qui s'ignorent, ou qui, désarmées, s'épuisent dans le sentiment de cette impuissance? C'est à ces travailleurs inconnus et dont je connais bon nombre, maires, médecins, curés, notaires, instituteurs, que ces envois s'adressent et portent courage; et c'est pour servir encore et aller chercher par une autre voie un autre groupe d'indifférents aux gros livres, que je résume ici, dans un annuaire de maniement facile et d'apparence inoffensive, un petit inventaire qui ne dispensera pas du grand mais qui donnera peut-être l'envie d'y recourir ou mieux encore, de s'approcher des documents, qui gardent toutes leurs surprises et leur inconnu. Le meilleur des inventaires après tout, ne serait-ce pas celui qui se ferait lire du plus grand nombre, comme le plus savant des archivistes, celui, Dieu me pardonne! qui saurait le mieux montrer le chemin de ses archives aux visiteurs et les convier au retour?

ARCHIVES CIVILES ANCIENNES.

I

SÉRIE A

ACTES DU POUVOIR SOUVERAIN. — DOMAINE PUBLIC. — APANAGES. — FAMILLE ROYALE.

Cette série, à proprement parler, n'est qu'une réunion factice de pièces imprimées, et très-importante ailleurs, n'existe pas en Maine-et-Loire. La réunion de la province à la couronne de France et sa constitution en duché apanagiste ont amené successivement les collections de titres aux Archives générales de l'Empire ou attribué son gouvernement à des administrations distinctes et indépendantes dont le département n'a pas hérité.

A. 1.
A. 2.
A. 3. } (1572-1789). } Édits, lettres patentes, déclarations, arrêts du conseil d'État des rois Charles IX, Henri III, Henri IV, Louis XIII, Louis XIV, Louis XV et Louis XVI, portant règlements d'administration générale et non particuliers à l'Anjou. - 234 pp., dont 258 imp.
A. 4.
A. 5.

A. 6. (XVe siècle-1756). — **Famille royale.** — Généalogies des rois de France de Philippe-Auguste à Louis XI (au dos : *figura contra Anglos pro regno Francie*) ; mémoire sur le paiement des dettes de la couronne, présenté à S. A. R. le duc d'Orléans par le sieur de Rozac le 18 septembre 1716 ; etc. - 5 pp. 1 p., parc.

II

SÉRIE B

COURS ET JURIDICTIONS.

Il n'existait pas de série B il y a quelques années dans les collections départementales. Elle y occupe aujourd'hui trois grandes travées et n'attend pour se compléter encore que des rayons libres et des versements nouveaux. L'Anjou n'avait pas de parlement et la Chambre des comptes d'Angers, supprimée avec l'autonomie de la province, n'a conservé de ses précieuses collections que quelques registres réunis à la section domaniale des Archives Impériales et inutilement revendiqués par les archives de Maine-et-Loire. Mais le greffe de la Cour impériale d'Angers, héritière du Présidial et de la Sénéchaussée, a par deux fois différentes versé au dépôt départemental plus de 1500 liasses, parmi lesquelles se sont trouvés 12 magnifiques registres in-folio des insinuations. Un autre envoi comprenait les procès-verbaux d'élection des bailliages en 1789; les cahiers des paroisses, les productions de titres par les députés du clergé et de la noblesse aux états généraux, les arrêts de taxation du Tiers, et pour rester absolument dans le cercle étroit de l'histoire locale, des comptes vérifiés de l'hôtel-de-ville d'Angers et de nombreux dossiers concernant des entreprises de défrichement, la création d'hôpitaux, la suppression des bénéfices religieux, la réglementation enfin des corporations industrielles d'autant plus âpres au gain et jalouses qu'elles se sentaient plus vivement menacées par l'esprit nouveau. Plus récemment, les greffes de Baugé et de Saumur ont adressé à leur tour un contingent considérable de registres et de documents parmi lesquels s'est rencontré le cahier du Tiers État de Saumur aux États de 1614 et où il n'est que de chercher pour trouver peut-être mieux encore. Un groupe particulier s'est formé du dépôt, consenti par le Tribunal de Commerce, de la meilleure part de ses archives historiques et comprend, à défaut des registres de délibérations que son greffe a gardés, la série des comptes bisannuels, les titres de propriété des divers immeubles de la compagnie, ses relations avec les agents de l'administration et du fisc, ses contestations d'intérêt ou de vanité avec les divers corps constitués et de curieux dossiers de procédure contre les ducs de Laval et de La Trémouille ou entre les communautés des marchands, des notaires, des épiciers, des quincailliers, des enjoliveurs. Enfin l'administration des Domaines, celle aussi des Eaux et forêts, ont fait remise de plans et de registres relatifs à la régie des forêts de Baugé et de Beaufort. Les derniers de ces versements datent de quelques mois à peine et leur importance même, comme les espérances qui restent à réaliser, explique qu'un classement définitif n'ait pu encore en être entrepris.

III

SÉRIE C

ADMINISTRATIONS PROVINCIALES. — ÉTATS PROVINCIAUX.

C'est ici véritablement le fonds de l'histoire civile et administrative de l'Anjou, et chaque article doit compter pour qui sait étudier d'un peu près la marche et les rouages vivants de l'organisation provinciale. Malheureusement le mouvement venait du dehors et Angers, capitale de l'apanage, n'était que le chef-lieu d'une subdélégation de la généralité de Tours dont l'intendance a gardé dans ses archives, malgré d'importantes réintégrations, nombre de documents, ou particuliers ou collectifs, précieux aux trois provinces qu'elle embrassait. La correspondance des ingénieurs, les rapports, les devis, les enquêtes suffisent pourtant à renseigner sur le régime général des rivières et en particulier de la Basse-Loire et de l'Authion, sur la police des bacs, des chaussées, des moulins, l'organisation des ateliers de charité, la régie des communaux, la création des foires et des marchés, l'administration des fabriques, la construction des églises et des presbytères. Le contrôle régulier de la gestion financière des villes d'Angers, de Beaufort, de Saumur, de Cholet, de Doué, de Montreuil-Bellay a fait conserver des anciens mémoires sur l'origine des diverses charges locales, la création de la voirie publique, l'établissement des octrois. Les archives du régiment des carabiniers de Monsieur gardent aussi de ces documents qui ne sont pas commune dans les collections départementales; mais je signale de nouveau et avec instance à une étude suivie et consciencieuse le recueil des projets, des délibérations, des enquêtes, la correspondance de la Commission intermédiaire qui pendant deux courtes années, eut à diriger les derniers mouvements d'un régime épuisé et à organiser par l'installation des premières municipalités l'activité d'une société qui se sentait enfin renaître. C'est là, c'est dans ces enquêtes suivies, qu'il faut venir retrouver, avec toute sa réalité vraie, l'Anjou de 1789, sans industrie, sans commerce, sans routes ni chemins ni marchés, les rivières fermées ou encombrées de péages ou de moulins seigneuriaux, l'agriculture en désarroi par la désertion des campagnes ou l'envahissement de la main-morte et des priviléges, et sur toute la lisière de la libre Bretagne, des deux côtés de la Loire, l'odieuse gabelle, avec ses compagnies franches de faux saulniers, ou, misère plus redoutée encore, ses bandes impitoyables de gabelous épars, nuit et jour, sur les chemins et dans les campagnes, milice toute prête pour les exploits prochains d'une guerre inexpiable.

Intendance de la Généralité de Tours.

Série C.

1. (1688-1736). — **Lettres de rémission** accordées par les rois Louis XIV et Louis XV (8 signat. aut. de Louis XV) à des Angevins. - 11 *pièces, parchemin.*

2. (1760-1779). — **Lettres de grâce** accordées par les rois Louis XV (15 signat. aut.) et Louis XVI (6 signat. aut.) à des déserteurs. - 23 *pièces, papier.*

3. (1776-1790). — **Invalides** pensionnés. — Ordres d'admission ; actes de décès. - 12 *pp.*

4. (23 juillet 1788). — **Arrêt du conseil d'État** portant règlement pour la navigation de la Loire et des rivières affluentes. - 1 *pp. imp.*

5. (1750-1751). — **Turcies et levées.** — États de situation des travaux de la Basse-Loire. - 20 *cah., in-f., pp.*

6. (1752-1754). — **Turcies et levées.** — États de situation des travaux de la Basse-Loire. - 18 *cah., in-f., pp.*

7. (1764-1768). — États de situation. - 20 *cah., in-f., pp.*

8. (1777-1770). — États de situation. - 13 *cah., in-f.,* pp.

9. (1771-1775). — États de situation. - 16 *cah., in-f.,* pp.

10. (1776-1780). — États de situation. - 22 *cah., in-f.,* pp.

11. (1781-1785). — États de situation. - 14 *cah., in-f.,* pp.

12. (1785). — États de situation. - *Reg. in-fol.,* pp. 273 *feuillets.*

13. (1786). — États de situation. - *Reg. in-fol.,* pp. 175 *feuillets.*

14. (1787). — États de situation. - *Reg. in-fol.,* pp. 155 *feuillets.*

15. (1788). — États de situation. - *Reg. in-fol.,* pp. 205 *feuillets.*

16. (1789). — États de situation. - *Reg. in-fol.,* pp. 196 *feuillets.*

17. (1779-1786). — Livre-copie de la correspondance de M. de Marie, ingénieur de la province de Dombes, nommé en 1783 ingénieur en chef des turcies et levées de la Basse-Loire. - *Reg. in-fol.,* pp. 148 *f.*

18. (1786-1791). — Livre-copie de la correspondance de M. de Marie, pour le service de la Basse-Loire. - *Reg. in-fol.,* pp. 151 *f.*

19. (1783-1789). — **Ponts-et-chaussées.** — Correspondance et rapports des ingénieurs, concernant les affluents de la Loire. - 71 pp.

20. (1783-1784). — Ponts sur le Layon à Thouarcé : correspondance et devis. - 2 *parc.,* 20 *pp.*

21. (1784-1787). — Ateliers de charité dans le ressort administratif d'Angers et l'inspection de l'ingénieur Dupuis : Chemins de Saint-Silvain, de Saint-Barthelemy, de Cheffes, de Chemillé, etc. - 100 *pp.*

22. (1784-1787). — Ateliers de charité dans le ressort administratif d'Angers : demande de fonds pour les chemins de la Cornuaille, de Durtal, de Saint-Florent, de Freigné, d'Ingrandes, etc. - 97 pp.

23. (1783-1787). — Ateliers de charité dans le ressort administratif de Saumur et l'inspection de l'ingénieur Bastier : demandes de fonds pour les chemins de Vernoil-le-Fourrier, de Jumelles, de Vernantes, de Varrains, de Montreuil-Bellay, etc. - 127 pp.

24. (1750-1788). — **Églises et presbytères** : suppliques des paroisses, enquêtes et rapport des architectes concernant des travaux de construction et de réparation dans l'Élection d'Angers. - 148 *pp.*

25. (1784-1789). — **Églises et presbytères** : travaux dans l'Élection de Baugé. - 141 *pp.*

26. (1764-1786). — **Églises et presbytères** : travaux dans les Élections de Châteaugontier, La Flèche et Saumur. - 78 *pp.*

Série C.

27. (1757-1784). — **Horloges publiques** : travaux d'établissement et d'entretien pour les villes de Baugé, de Doué, Le Lude et Saumur. - 87 *pp.*

28. (1740-1775). — **Ardoisières d'Angers** : mémoires statistiques, arrêts, enquêtes, procédures concernant la propriété et l'exploitation. -- 2 *parc.* 108 *pp.*

29. (1763-1764). — **Mines d'argent** dans les paroisses de Beuxes et de Fougeré : enquêtes pour l'exploitation. - 6 *pp.*

30. (1785-1788). — **Biens communaux** : demandes de paroisses en autorisation de plaider. - 29 *pp.*

31. (1759-1788). — **Biens communaux** : procédures soutenues par les habitants d'Écouflant et de Soulaire. - 92 *pp.*

32. (1572-1767). — **Communaux de Beaufort** : lettres patentes, arrêts, mémoires concernant les droits d'usage et de propriété. 2 *parc.*, 38 *pp.*

33. (1778-1788). — **Curement de l'Authion** : correspondance et mémoires de MM. de Narcé, Moret, Tessié-du-Motay. - 12 *pp.*

34. (1784-1789). — **Foires et marchés** : enquêtes et correspondance pour des concessions demandées par des paroisses. 89 *pp.*

35. (1787-1789). — **Administration des paroisses** : demandes en autorisation de plaider contre des abus dans l'assiette des tailles ou dans le gouvernement des fabriques. - 46 *pp.*

36. (1748-1789). — **Subdélégation d'Angers** : dépôts d'étalons. - 6 *pp.*

37. (1784). — **Subdélégation d'Angers** : rejet d'une instance soulevée par la communauté des revendeurs tapissiers. - 2 *pp.*

38. (1695-1789). — **Subdélégation d'Angers. — Ville d'Angers** : mémoires et correspondance concernant l'organisation et la régie des finances municipales. - 44 *pp.*

39. (1751-1789). — Correspondance, mémoires et rôles d'imposition pour l'éclairage ; établissement des lanternes ; plaintes contre l'adjudicataire. - 75 *pp.*

40. (1786-1788). — Règlements pour la police des suifs et le pesage des foins. - 11 *pp.*

41. (1784-1785). — Mémoires, suppliques et correspondance pour le maintien des privilèges de l'Université. - 17 *pp.*

42. (1770-1771). — Agrandissement du collège. - 5 *pp.*

43. (1720-1788). — Académie d'équitation ; projets pour sa transformation en caserne. - 95 *pp.*

Série C.

44. (1779-1788). — **Subdélégation d'Angers.** — **Ville d'Angers** (*suite*) : Logements militaires ; projets et correspondance pour l'établissement des casernes. - 16 *pp.*

45. (1785-1779). — Troupes provinciales et milice angevine. - 48 *pp.*

46. (1759-1789). — Hôpital militaire ; correspondance ministérielle concernant l'organisation intérieure ; règlements ; réclamations. - 112 *pp.*

47. (1758-1785). — Travaux des portes et des boulevards de la ville. - 1 *parc.*, 80 *pp.*

48. (1752-1789). — Voirie et pavage de l'intérieur de la ville. - 68 *pp.* 1 *parc.*

49. (1789-1788). — Construction, pavage et entretien des routes et chemins de la banlieue, vers Nantes. - 150 *pp.*

50. (1759-1788). — Construction, pavage et entretien des routes et chemins de la banlieue, vers Paris et Tours.

51. (1759-1782). — **Subdélégation d'Angers.** — **Ville de Beaufort** : état des revenus patrimoniaux et d'octroi. - 4 *pp.*

52. (1776-1785). — **Subdélégation d'Angers.** — **Ville de Pouancé** : enquête, procédure et décret épiscopal pour l'érection de la paroisse de la Madeleine. - 2 *parc*, 48 *pp.*

53. (1741-1782). — **Subdélégation de Baugé.** — **Ville de Baugé** ; devis et travaux de pavage ; établissement d'une promenade : recettes et charges communales. - 1 *parc.* 92 *pp.*

54. (1744-1789). — **Subdélégation de Montreuil-Bellay** : devis et travaux pour le pavage de la ville ; l'entretien des fontaines, la construction d'un hôtel de ville, la navigation du Thouet ; recettes et charges communales. - 94 *pp.*

55. (1771-1789). — **Subdélégation de Montreuil-Bellay.** — **Villes de Cholet**, du Puy-Notre-Dame et de Vihiers : octroi et pavages. 2 *parc.*, 111 *pp.*

56. (1789). — **Subdélégation de Saumur.** — **Navigation** de la Loire ; indemnités pour pertes de bateaux. - 19 *pp.*

57. (1765-1769). — **Subdélégation de Saumur.** — **Carabiniers de Monsieur** : histoire des carabiniers ; almanach du régiment ; manuel des manœuvres, etc. - 5 *pp.*

58. (1774-1776). — Mouvement du corps des carabiniers. - *Reg. in-fol.*, *pp.* 64 *f.*

Série C.

59. (1776-1785). — **Subdélégation de Saumur. — Carabiniers de Monsieur** (*suite*) : correspondance du général comte de Chabrillant, concernant l'administration du corps, les revues, l'équipement, la remonte. - *Reg. in-fol.* pp. 148 *f.*

60. (1765-1767). — Instructions et états de la remonte. - 7 *pp.*

61. (1763-1786). — Équipement et armement. - 55 *pp.*

62. (1768-1775). — Engagements des recrues. - 81 *pp.*

63. (1768-1775). — Actes de réengagements pour quatre et huit ans de cavaliers. - 100 *pp.*

04. (1768-1775). — Actes de réengagements. - 71 *pp.*

65. (1768-1775). — Congés militaires et feuilles de route, produits à l'appui des réengagements. - 57 *pp.*

66. (1763-1764). — Rôles des hôpitaux ; certificats de décès. - 21 *pp.*

67. (1765-1773). — Procès-verbaux de sommations militaires contre des déserteurs ; arrêts des conseils de guerre portant condamnation à mort pour crime de désertion, vol ou rébellion. - 122 *pp.*

68. (1763). — Journal des dépenses du corps. - *Reg. in-fol.,* pp. 198 *f.*

69. (1763-1766). — Comptes du trésorier. - *Reg. in-fol.*. pp. 126 *f.*

70. (1763-1765). — Correspondance concernant la comptabilité. - 125 *pp.*

71. (1767). — Journal des dépenses du corps. - *Reg. in-fol.,* pp. 161 *f.*

72. (1768-1772). — Quittances et relevés de caisse. - 146 *pp.*

73. (1768-1776). — Comptes de retenues et récépissés. - 112 pp.

74. (1764-1778). — Décompte des vins et fourrages ; relevés et détails des dépenses par escadrons. - 77 *pp.*

75. (1764-1772). — Décompte du trésorier pour la subsistance de la cinquième brigade. - *Reg. in-fol.,* pp. 147 *f.*

76. (1776). — Décompte d'indemnités de réengagements. - 40 *f.*

77. (1781). — Récépissés et décharges du trésorier pour le compte des subsistances. - 149 *pp.*

78. (1776-1789). — Correspondance concernant la comptabilité. - 77 *pp.*

79. (1758-1788). — **Subdélégation de Saumur. — Ville de Saumur** : appointements et gratifications de l'État major du château ; traités passés avec la ville par les officiers ; requête de M. Du Petit-Thouars pour l'admission de sa fille à Saint-Cyr. - 48 *pp.*

80. (1638-1686). — Logements militaires ; frais et rôles de répartition. - 91 *pp.*

Série C.

81. (1788-1789). — **Subdélégation de Saumur. — Ville de Saumur** (*suite*) : Établissement et régie d'un tarif ou octroi sur la ville et les faubourgs. - 1 *parc.*, 25 *pp.*

82. (1725-1789). — Anciens et nouveaux octrois ; état des dépenses et des recettes communales. - 87 *pp.*

83. (1746-1789). — Travaux communaux ; construction d'une caserne, de barrières, d'un corps de garde ; prolongement de la rue des Cordeliers. - 2 *parc.*, 80 *pp.*

84. (1788-1789). — Travaux des ports des Billanges, de Saint-Michel et du port au bois ; construction des quais dans la traverse de la ville ; reconstruction du pont Fouchard et de la levée du Chardonnet. - 2 *parc.*, 104 *pp.*

85. (1726-1766). — Travaux communaux ; pavage et voirie ; construction d'égouts. - 1 *parc.* 30 *pp.*

86. (1760-1788). — Travaux communaux ; boucherie, magasin à poudre, halle et salle de spectacle. - 1 *parc.* 51 *pp.*

87. (1742-1789). — Indemnités d'expropriations dans les rues Saint-Jean, Saint-Nicolas, l'île du Parc, sur les quais. - 67 *pp.*

88. (1769-1787). — Agrandissement du collége ; traité avec les oratoriens. - 55 *pp.*

89. (1767-1789). — Hôpital militaire ; construction d'une salle ; organisation du service intérieur. - 1 *parc.* 70 *pp.*

90. (1757-1787). — Contestations entre le conseil de ville et l'abbesse de Fontevrault, le marquis de Poyanne, l'abbé Barré, lieutenant de police. - 88 *pp.*

91. (1751-1789). — **Subdélégation de Saumur. — Ville de Doué :** charges et revenus communaux ; comptes de recette et d'emploi, mémoires des officiers municipaux. - 128 *pp.*

92. (1755-1775). — Dettes communales et emprunts. - 60 *pp.*

93. (1752-1764). — Travaux communaux ; pavage ; construction d'une nouvelle enceinte. - 36 *pp.*

94. (1704-1786). — Dotation et agrandissement du collége. - 29 *pp.*

95. (1766-1773). — Restauration de la fontaine, plan, devis, règlement des travaux de la construction des nouveaux bassins. - 30 *pp.*

96. (1610-1770). — **Élection d'Angers :** tailles et impositions des paroisses. - 35 *pp.*

97. (1651-1776). — **Élection de Châteaugontier et de Montreuil-Bellay :** tailles et impositions. - 6 *pp.*

Série C.

98. (1651). — **Élection de Montreuil-Bellay** : tailles et impositions.
- 75 *f.*

99. (1654-1774). — **Élection de Saumur** : tailles et impositions. - 33 *pp.*

100. (1722-1748). — **Élection de Saumur** : tailles et impositions. -
13 *pp.*

Bureau des finances de Tours.

101. (1432-1788). — **Domaine royal** : édits, lettres patentes, arrêts du
Conseil d'État, ordonnances et affiches pour la vente ou l'enga-
gement de terres et de droits domaniaux. - 1 parc. 56 *pp.*

102. (1725). — État de rentes et redevances à racheter ou à aliéner con-
formément aux édits. - *Reg. in-fol.*, pp. 47 *f.*

103. (1556). — **Domaine du château d'Angers** : bail de la recette
des droits domaniaux dans la mouvance du château d'Angers.
- 1 *cah.* pp. 8 *f.*

104. (1515). — « Pappier des bledz deuz par chacun an au Roy » pour
son domaine d'Angers. - 1 *cah.* pp. 40 *f.*

105. (1589). — Déclarations rendues au Roi par des tenanciers du domaine,
dans le ressort de la Sénéchaussée d'Anjou. - *Reg. in-fol.*, 407 *f.*

106. (1589). — Déclarations de tenanciers dans le ressort de la Sénéchaussée d'Anjou. - *Reg. in-fol.*, pp. 182 *f.*

107. (1664-1666). — Remembrances du fief domanial dans la ville
d'Angers. - *Reg. in-fol.* pp. 271 *f.*

108. — (1678). Déclarations de tenanciers du domaine dans la ville
d'Angers. - 155 *pp.*

109. (1679-1633). — Déclarations de tenanciers dans la ville d'Angers. -
105 *pp.*

110. (1700-1768). — Déclarations de tenanciers dans la ville d'Angers. -
150 *pp.*

111. (1700-1768). — Déclarations de tenanciers dans la mouvance du
château d'Angers. - 125 *pp.*

112. (1788). — Extraits des déclarations rendues au Roi par-devant les
maires et échevins d'Angers, en exécution des lettres patentes
de 1558, pour tenures dans la ville d'Angers. - 150 *pp.*

113. (1788). — Extraits des déclarations de 1558 (suite). - 143 *pp.*

114. (1788). — Extraits des déclarations de 1558 (suite). - 120 *pp;*

115. (1788). — Extraits des déclarations de 1558 (suite). - 148 *pp.*

Série C.

116. (1788). — **Domaine royal**. — **Domaine du château d'Angers** (*suite*): — Extraits des déclarations de 1553 (suite). - 144 *pp.*

117. (1788). — Extraits des déclarations de 1553 (suite). - 133 *pp.*

118. (1788). — Extraits des déclarations de 1553 (suite). - 87 *pp.*

119. (1788). — Déclarations rendues au Roi par des chapitres et des communautés religieuses pour tenures dans la ville d'Angers. - 31 *cah.*, *pp.* 564 *f.*

120. (1788). — Déclarations de tenanciers dans la mouvance du château d'Angers - 150 *pp.*

121. (1788). Déclarations de tenanciers dans la mouvance du château d'Angers. - 150 *pp.*

122. (1788). — Déclarations dans la mouvance du château d'Angers. - 70 *pp.*

123. (1788). — Brouillards et fragments du terrier du château d'Angers. - 216 *pp.*

124. (1586-1790). — Déclarations de tenanciers dans la mouvance du château ; état des lods et ventes ; table des contraintes. - 9 *parc.* 46 *pp.*

125. (1788-1790). — Déclarations reçues par René-Eugène Aubin, commissaire à terrier de Monsieur, pour tenures dans la mouvance du château d'Angers. - 138 *pp.*

126. (1788-1790). — Déclarations reçues par René-Eugène Aubin. - 147 *pp.*

127. (1788-1790). — Déclarations reçues par René-Eugène Aubin. - 115 *pp.*

128. (1768-1790). — Déclarations reçues par René-Eugène Aubin, avec ses observations et les réponses de M. Maucourt, receveur principal de l'Apanage, à Tours. - 91 *pp.*

129. (1768-1790). — Déclarations reçues par René-Eugène Aubin, pour les fiefs de Reculée, de Querqueil et autres tenures dans les paroisses de la Trinité et d'Avrillé. - 144 *pp.*

130. (1575-1767). — Censif du fief de Querqueil, mouvant du château d'Angers, dans les paroisses de Reculée, Avrillé et Montreuil-Belfroy. - *Reg. in-fol.*, *pp.* 483 *f.*

131. (1788-1790). — Brouillards du terrier du fief de Vezins, à Angers. 111 *pp.*

132. (1548-1561). — Censif du domaine aux Ponts-de-Cé. - 12 *pp.*

Série C.

133. (1755). — **Domaine royal.** — **Domaine du château d'Angers** (*suite*) : Censif du fief des Ponts-de-Cé engagé à M⁰ Louis-Georges-Eugène de Contades. - *Reg. in-fol.*, pp. 443 *f.*

134. (1755). — Censif du fief des Ponts-de-Cé. - 15 *cah. in- fol.*, pp. 285 *f.*

135. (1788). — Brouillards du terrier du fief des Ponts-de-Cé. - 147 *pp.*

136. (1773-1789). — Terrier du domaine dans les paroisses de Sainte-Gemmes, Saint-Laud, la Daguenière, Avrillé, la vicomté de Sorges. - 58 *pp.*

137. (1788). — **Domaine du château de Baugé** : baux à cens de terres vagues dans les forêts de Monrais et de Chandelais. - 23 *cah. pp. in-fol.*, 274 *f.*

138. (1439-1787). — Aveux rendus au château de Baugé par La Motte, Laillé, La Mulotière, Mathefelon ; fragment du terrier ; tables de contrats. - 6 *parc.* 144 *pp.*

139. (1439-1785). — Aveux du Teil, de La Gaignardière, des grands moulins de Baugé, de Beauregard, La Michoulière ; état du domaine engagé aux princesses de Carignan et de Nemours, etc. - 15 *parc.* 15 *pp.*

140. (1769-1776). — **Domaine du comté de Beaufort** : Recette des droits domaniaux, casuels et d'ensaisine. - *Reg. in-fol.*, pp. 142 *f.*

141. (1771-1775). — Recette des droits de mutation. - *Reg. in-fol.*, pp. 269 *f.*

142. (1777-1778). — Censif du comté. - *Reg. in-fol.*, pp. 267 *f.*

143. (1709-1788). — **Domaine de la baronnie de Montfaucon** : aveux de tenanciers. - 10 *parc.*

144. (1389). — **Domaine du château de Sablé** : aveu de la terre de La Forest. - 1 *parc.*

145. (1411-1531). **Domaine du château de Saumur** : aveux des seigneuries de Tigné, Pocé, Blaison, Munet, Passavant, Sarrigné, Le Thoureil et autres fiefs et arrière-fiefs. - 51 *parc.* 2 *pp.*

146. (1589). — Av. de la seigneurie du Thoureil. - *Reg. in-fol.*, pp. 56 *f.*

147. (1550). — Aveux et déclarations du Vigneau, de Poligné, Gourdon, Étiau et autres fiefs et arrière-fiefs. - 94 *parc.*

Série C.

148. (1540). — **Domaine royal.** — **Domaine du château de Saumur** (*suite*) : Aveux et déclarations de Boismozé, Raindron, Vauvert La Roche-Frossart, Riou, Arthenay, Brétignolles et autres fiefs et arrière-fiefs. - 101 *parc.* 1 *pp.*

149. (1541-1661). — Aveux et déclarations de Louhaut, Jounay, Brétegon, Bagneux, Notelles et autres fiefs et arrières-fiefs. - 21 *parc.* 21 *pp.*

150. (1681). — Aveu de la châtellenie de Pocé, par Louis de Bourbon, prince de Condé. - *Reg. in-fol.*, parc. 242 *f.*

151. (1780). — Aveu de la baronnie de Blaison et de la châtellenie de Chemellier, par Raoul-René Petit.

152. (1680-1787). Aveux de Chacé, S. Généroux et Les Moriers. - 4 *parc.*

153. (1473-1681). — Déclarations de rentes censives dans la mouvance de Saumur. - 80 *parc.* 90 *pp.*

154. (1520-1550). — Extrait du censif du château. - *Reg. in-fol.*, *pp.* 886 *f.*

155. (1517-1550). — « Remembrance des hommes et subgects tenus à foy et hommage » - *Reg. in-fol.*, *pp.* 240 *f.*

156. (1577). — « Ce sont les noms de ceux qu'il faut adjourner pour comparoir aux hommages. - *Reg. in-fol.*, *pp.* 136 *f.*

157. (1577). — Liste des hommages (double) - *Reg. in-fol.*, *pp.* 75 *f.*

158. (1581). — « Estat des tailles et chacunes déclarations rendues aux assises royaux de Saumur. - *Cah. in-fol.*, *pp.* 23 *f.*

159. (1654). — Censif du domaine dans la ville de Saumur. - *Reg. in-fol.*, *pp.* 119 *f.*

160. (1556-1787). — **Communs et landes** : droits du domaine et des particuliers. 1 *cah. in-fol.*, 2 *pp. imp.*

161. (1492-1787). — **Grèves et accroissements de Loire** : baux, jugements, contrats d'acquets, procès-verbaux pour les îles des Ardaux, des Buissons, du Chapeau, de Chenehutte, etc. - 80 *parc.* 112 *pp.*

162. (1554-1785). — Baux, jugements, contrats d'acquets, procès-verbaux pour les îles du Laurier, de Morains, de Palut, Pelou, Périgot, de Saint-Lambert. - 27 *parc.* 84 *pp.*

163. (1687-1654). — **Projets et travaux** pour la réparation et l'entretien des ponts d'Écouflent et des Ponts-de-Cé. - 3 *parc.*

Commission intermédiaire d'Anjou.

Série C.

164. (1787-1789). — **Assemblées provinciales étrangères** : procès verbaux des séances, règlements, adresses. - 11. *pp.*

165. (1787-1790). — **Règlement**, cérémonial pour la tenue des séances de la Commission intermédiaire d'Anjou. - 22 *pp.*

166. (1787-1790). — **Procès-verbaux des séances** de la Commission.

167. (1787). — **Contestation** avec la Commission intermédiaire du Maine. — 2 *pp.*

168. (1787-1790). — **Correspondance** : brouillards et minutes. - 17 *cah. in-fol., pp.* 58 *pp.*

169. (1787-1788). — **Correspondance et rapports** lus à la Commission. - *Reg. in-fol., pp.* 160 *f.*

170. (1788-1789). — **Enquête et rapport** pour la suppression de la mendicité. - 3 *pp.*

171. (1787-1790). — **Ponts-et-Chaussées** : mémoires et projets généraux. - 22 *pp.*

172. (1788-1789). — Correspondance, mémoires, projets concernant les routes d'Angers à Beaufort Candé, Châteaugontier, Cholet, Chemillé, Doué, Durtal, Saint-Georges-sur-Loire, etc. - 186 *pp.*

173. (1788-1789). — Correspondance, mémoires, projets : route d'Angers à Rennes, Sillé-le-Guillaume, Le Ludé, d'Ingrandes à Candé. - 145 *pp.*

174. (1788-1789). — Correspondance, mémoires, projets : les routes de Chemillé à Chalonnes, de Nantes à Poitiers, de Sablé à Durtal, de Saumur à la Flèche, au Mans, à La Rochelle, aux Sables. - 104 *pp.*

175. (1788-1790). — Correspondance, mémoires, projets : routes de Saumur à Nantes, de Tours à Angers. - 118 *pp.*

176. (1788-1789). — Affiches et devis d'adjudication de travaux ; requêtes d'entrepreneurs. - 116 *pp.*

177. (1789-1790). — Affiches et devis : tableau des rabais obtenus ; situation des ateliers. - 106 *pp.*

178. (1787-1789). — Ateliers de charité : états généraux et particuliers de situation des ateliers ; certificats d'emploi des allocations. - 83 *pp.*

179. (1788-1789). — Demandes d'allocations par des paroisses et par des particuliers ; état des propositions. - 120 *pp.*

Série C.

180. (1787-1790). — **Ponts et chaussées** (*suite*) : Lettres des ingénieurs, portant avis et renseignements demandés sur le service. - 137 *pp.*

181. (1788-1790). — Etats comparatifs des travaux de charité adjugés et entrepris. - 16 *pp.*

182. (1788). — Requêtes de particuliers pour la canalisation de l'Oulon. - 2 *pp.*

183. (1789-1790). — **Eglises et paroisses** : Requêtes de paroisses et de curés pour la restauration de leurs églises. - 11 *pp.*

184. (1788-1789). — Requêtes des habitants de Saint-Sauveur-de-Landemont et de Linières-Bouton, pour une nouvelle délimitation de leurs paroisses. - 2 *pp.*

185. (1788-1789). — **Organisation des municipalités** : instructions et règlements généraux. - 4 *pp.*

186. (1787-1790). — Correspondance, demandes et envois de renseignements et de réclamations : districts d'Angers, de Baugé, de Beaupréau. - 103 *pp.*

187. (1787-1790). — Correspondance : districts de Brissac, de Châteaugontier, de Châteauneuf-sur-Sarthe, de Château-La-Vallière, de Cholet. - 107 *pp.*

188. (1787-1790). — Correspondance : districts de Doué, de la Flèche, de Saint-Georges-sur-Loire, de Montreuil-Bellay. - 109 *pp.*

189. (1787-1790). — Correspondance : districts de Sablé, de Saumur, de Segré. - 81 *pp.*

190. (1788). — **Statistique des paroisses**, d'après un plan uniforme adressé aux municipalités nouvelles, par les syndics de la Commission intermédiaire : districts d'Angers et de Baugé. - 90 *pp.*

191. (1788). — Statistique : district de Beaupréau. - 100 *pp.*

192. (1788). — Statistique : districts de Brissac, de Château-la-Vallière, de Châteauneuf et de Cholet. - 114 *pp.*

193. (1788). — Statistique : districts de Doué, de Saint-Georges-sur-Loire et de Montreuil-Bellay. - 118 *pp.*

194. (1788). — Statistique : districts de Saumur et de Segré. - 63 *pp.*

195. (1788-1789). — **Gabelle** : mémoires, enquêtes, délibérations des paroisses concernant sa suppression. - 12 *pp.*

196. (1789-1790). — **Impositions** : mémoires et rapports sur la répartition ancienne et sur l'assiette nouvelle des impôts. - 5 *pp.*

Série C.

197. (1787-1790). — **Impositions** (*suite*): Formation des rôles par les municipalités; envoi des rôle et d'instructions; réclamations : districts d'Angers, de Beaupréau et de Brissac. - 134 *pp.*

198. (1787-1790). — Formation des rôles : districts de Châteaugontier, de Châteauneuf, de Château-La-Vallière, de Cholet, de Craon, de Doué et de La Flèche. - 109 *pp.*

199. 1787-1790). — Formation des rôles : districts de Saint-Georges-sur-Loire, de Montreuil-Bellay, de Sablé, de Saumur et de Segré. - 97 *pp.*

200. (1787-1789). — États particuliers des impositions tant principales qu'accessoires : districts d'Angers, de Baugé et Beaupréan. - 96 *pp.*

201. (1787-1789). — États particuliers : districts de Brissac, de Château-La-Vallière, de Châteauneuf, de Cholet et de Doué. - 88 *pp.*

202. (1787-1789). — États particuliers : districts de Montreuil-Bellay, de Saint-Georges-sur-Loire et de Segré. - 90 *pp.*

203. (1789-1790). — Requêtes en réduction d'impôts : demandes d'exemption des collecteurs. - 88 *pp.*

204. (1788-1790). — **Tailles** : lettres des contrôleurs généraux des finances, Necker et Lambert, portant décision ou envoi d'instructions sur la rédaction des rôles et les requêtes des paroisses. - 85 *pp.*

205. (1788-1790). Lettres de l'intendant, portant rectification ou ordre de la mise en recouvrement des rôles. - 84 *pp.*

206. (1788-1790). — Lettres des procureurs-syndics de l'assemblée générale de Tours, portant demandes de renseignements et envoi d'instructions pour la confection des rôles. - 95 *pp.*

207. (1788-1790). — Lettres des receveurs particuliers, portant demandes d'instructions ou plaintes contre des irrégularités de service.

208. (1789-1790). — **Contribution patriotique** : lettres des contrôleurs généraux, Necker et Lambert, portant instructions pour la confection des rôles. - 11 *pp.*

209. (1789) — **Etat général de la taxe** des députés du Tiers-Etat, qui ont comparu aux assemblées tenues à Angers pour la convocation des États-Généraux. - *Cah. in-fol.*, *pp.* 27 *f.*

210. (1789-1790). — **Capitation des nobles** : états des rôles de suppléments et des arriérés. - 85 *pp.*

Série C.

211. (1789-1790). — **Contributions** : état de répartition par élections
et par paroisses ; remises et décharges. - 2 parc. 77 pp.

212. (1789-1790). — **Logements militaires** : frais de casernement
des garnisons et des maréchaussées d'Angers, Baugé, Châteaugontier, Châteauneuf, Le Lude, Sablé, Saumur, Segré. - 28 pp.

213. (1789-1790). — **Institution des sourds-muets** : états nomi-
natifs des pensionnaires ; subventions. - 10 pp.

214. (1789-1790). — **Compte-rendu** de la Commission intermédiaire
de Touraine ; pièces justificatives et procès-verbal de remise des
titres au département. - 94 pp.

215. (1787-1790). — Compte rendu de l'assemblée provinciale et de la
Commission intermédiaire d'Anjou. - 188 pp.

IV

SÉRIE D

INSTRUCTION PUBLIQUE. — UNIVERSITÉ. — FACULTÉS. — COLLÉGE.
— SOCIÉTÉS ACADÉMIQUES.

L'antique renom de l'Université d'Angers fait regretter de
ne pas retrouver complet dans nos archives départementales
son précieux chartrier. Les documents les plus anciens avaient
péri déjà il y a deux siècles, quand l'abbé Rangeard et Poc-
quet de Livonnière, dont les manuscrits sont une des principales richesses de notre bibliothèque municipale, épuisaient
cette histoire aux sources mêmes. Ce qui en a subsisté, ensemble encore curieux mais relativement moderne, comprend,
outre le cartulaire, qui nous reporte au xiii° siècle, sans remon-

ter pourtant aux origines, une suite non interrompue de conclusions de l'assemblée générale pendant plus d'un siècle, celles de la nation de Bretagne depuis 1642, de la faculté de médecine depuis 1715, des listes des docteurs, les inscriptions des étudiants, nombre de registres, de comptes et de règlements intérieurs, qui permettent d'étudier, dans les détails souvent les plus minutieux, la gestion financière et l'administration, les relations journalières des régents et suppôts des nations et des facultés. Quelques dossiers sur les écoles affiliées et sur les colléges communaux démontrent assez qu'à côté de ces grands corps voués exclusivement au maintien solennel des belles-lettres, il restait beaucoup à faire pour inaugurer seulement un régime modeste d'instruction populaire qui pût suffire aux premiers besoins.

Université d'Angers.

Série D.

1. (1711-1719). — **Conclusions de l'Université d'Angers.** - *Reg. in-fol., pp.* 156 *f.*
2. (1761-1765). — Conclusions. - *Reg. in-fol., pp.* 156 *f.*
3. (1765-1774). — Conclusions. - *Reg: in-fol., pp.* 215 *f.*
4. (1778-1779). — Conclusions. - *Reg. in-fol., pp.* 31 *f.*
5. (1786-1791). — Conclusions. - *Reg. in-fol., pp.* 89. *f.*
6. (1262-1494). — **Cartulaire de l'Université**, contenant les priviléges des rois de France, Charles V, Philippe IV et Charles VI, les bulles de Clément IV, les statuts généraux et les statuts particuliers des facultés de théologie, des arts et de médecine. - *Reg. in-fol,. parc.* 127 *f.*
7. (1367-1730). **Priviléges, statuts, règlements** intérieurs ; extraits et copies du cartulaire ; mémoires pour les préséances, tarif des droits d'inscriptions et d'examens, etc. - 2 *parc.* 117 *pp.*
8. (1412-1786). — **Priviléges :** liste des docteurs, régents et écoliers exempts des dîmes ; droit de garde gardienne ; règlement des archives ; requête pour l'établissement d'une chaire de chimie, etc. - 1 *parc.* 8 *pp.*

Série D.

9. (1721). — **Recette des revenus anciens** et des deniers casuels, des droits d'appôtissement, des rentes, des fermes des messageries. *Reg. in-fol., pp.* 144 *f.*

10. (1775-1791). — **Recette des revenus anciens** et autres. - 17 *cah. in-fol., pp.* 178 *f.*

11. (1740-1768). — **Livre des acquits** des recteurs, chanceliers et autres dignitaires et suppôts. - *Reg. in-fol.,* 147 *f.*

12. (1768-1792). — **Livre des acquits.** - *Reg. in-fol., pp.* 137 *f.*

13. (1642-1693). — **Nation de Bretagne :** Conclusions. - *Reg. in-fol., pp.* 130 *f.*

14. (1693-1719). — Conclusions. - *Reg. in-4°., pp.* 88 *f.*

15. (1719-1781). — Conclusions. - *Reg. in-4°., pp.* 100 *f.*

16. (1644-1699). — Comptes des recettes et dépenses tant ordinaires qu'extraordinaires. - 10 *cah. in-fol., pp.* 89 *f.*

17. (1700-1782). — Comptes des recettes et dépenses. - 68 *cah. pp.* 262 *f.*

18. (1604-1773). — Inventaire des titres de rentes, mémoires et marchés. - 66 *pp.* 6 *parc.*

19. (1508-1690). — **Nation de Normandie :** Titres de rentes. - 7 *parc.* 4 *pp.*

20. (1677-1744). — **Faculté des arts :** recette des revenus tant en rentes foncières qu'en droits casuels d'examens et d'inscriptions. - *Reg. in-fol., pp.* 177 *f.*

21. (1744-1792). — **Recette des revenus.** - *Reg. in-fol., pp.* 170 *f.*

22. (1673-1789). — **Faculté de droit :** procès-verbaux des examens de baccalauréat, licence et doctorat. - 4 *pp.*

23. (1769-1792). — Registre d'inscription des étudiants. - *Reg. in-fol., pp.* 104 *f.*

24. (1494-1744). — Arrêts et règlements généraux concernant les études et la discipline. - 5 *pp.*

25. (1715-1779). — **Faculté de médecine :** actes et conclusions. - *Reg. in-fol., pp.* 84 *f.*

26. (1549-1791). — Actes et conclusions. - *Cah. in-fol., pp.* 20 *f.*

27. (1764-1792). — Inscriptions des gradués qui exercent hors ville. - *Reg. in-fol., pp.* 36 *f.*

28. (1759-1782). — Inscriptions des étudiants. - *Reg. in-fol., pp.* 101 *f.*

29. (1782-1791). — Inscriptions des étudiants. - *Reg. in-fol., pp.* 51 *f.*

Série D.

30. (xvi⁰ siècle-1792). — **Faculté de médecine** (*suite*) : Statuts de la faculté ; circulaire de la Société royale de médecine ; extraits et copies des conclusions, etc. - 86 *pp.*

31. (1500-1785). — **Faculté de théologie** : titres de rentes, états des biens et revenus, comptes des dépenses ordinaires et extra-ordinaires. - 1 *parc.* 47 *pp.*

32. (1631-1790). — **Collége de Champigné** : fordation et dotation par Math. Rainfroy, curé, et Pierre Faucherie de La Laurancerie ; collation par l'Université d'Angers, etc. - 10 *pp.*

33. (1618-1684). — **École de Marigné** : dotation par Jacques Bour-dillon, curé, à charge de réserver la nomination du maître à la faculté de théologie d'Angers. - 8 *parc.* 1 *pp.*

Collége de Beaufort.

34. (1577, 25 janvier). — Assemblée générale des habitants de Beaufort pour la création d'un collége. - 1 *pp.*

Collége de Doué.

35. (1668-1676). — Procès-verbaux des délibérations de la commis-sion administrative. - *Reg. in-fol.,* pp. 20 *f.*

36. (1655-1789). — Baux et titres de propriété. - 6 *parc.* 49 *pp.*

Collége de Grez-Neuville.

37. (1592-1782). — Titres de rentes et de propriété du collége de Grez-Neuville, fondé par Hélène Fournier, femme de J. de Bréou de La Giraudière, à la collation de ses héritiers et du seigneur de Grez. - 96 *pp.* 4 *parc.*